Pour Marie-Anne et Gertrude.
Pour Anouk, Léa et, peut-être,
pour les filles qu'elles auront un jour...

Paule

À ma Béatrice

Marie

Maëlle essaie de dormir en attendant le réveillon. Cette nuit, ce sera Noël. Maëlle en a assez de toujours attendre. Attendre Noël, attendre minuit...

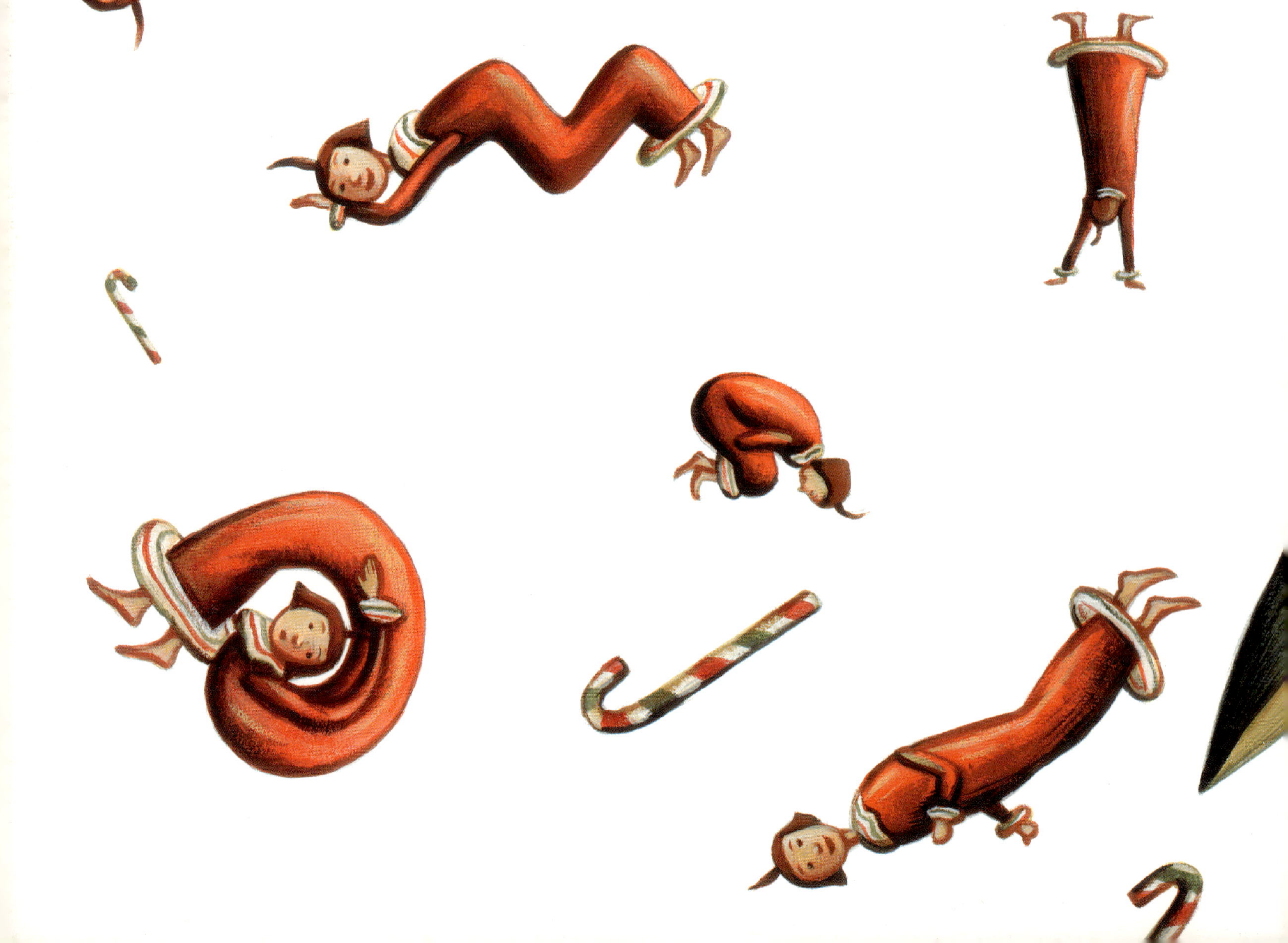

La poupée de Noël

Un texte de Paule Brière
illustré par Marie Lafrance

Les 400 coups

Nous remercions le Conseil des Arts du Canada de l'aide accordée à notre programme de publication et la SODEC pour son appui financier en vertu du Programme d'aide aux entreprises du livre et de l'édition spécialisée.

Nous reconnaissons l'aide financière du gouvernement du Canada par l'entremise du programme d'aide au développement de l'industrie de l'édition (PADIÉ) pour nos activités d'édition.

La poupée de Noël
a été publié sous la direction
de Catherine Germain.

Conception graphique : Andrée Lauzon
Révision : Marie-Josée Brière
Correction : Gilles McMillan

Diffusion au Canada
Diffusion Dimedia inc.
539, boulevard Lebeau
Ville Saint-Laurent (Québec)
H4N 1S2

Diffusion en Europe
Le Seuil

Dépôt légal – 4e trimestre 2003
Bibliothèque nationale du Québec
Bibliothèque nationale du Canada

ISBN 2-89540-088-1

Loi 49-956 du 16 juillet 1949 sur
les publications destinées à la jeunesse.

Imprimé au Canada sur les presses
de Litho Mille-Îles ltée.

« Si j'essayais plutôt de trouver le cadeau spécial
que Maman m'a promis... »

Maëlle se lève sans bruit. Maman est à la cuisine, la voie est libre. Vite, dans la grande chambre, Maëlle ouvre la porte du placard, grimpe jusqu'à l'étagère, pousse les chapeaux, bouscule les chandails...

Enfin, Maëlle attrape une grande boîte. Elle est lourde. Elle s'assoit en la tenant bien solidement, puis elle l'ouvre.

Elle effleure à peine le papier de soie rouge quand, soudain...

Tout devient rouge !

Comme si le papier explosait en milliers de plumes de soie rouge... Maëlle est éblouie.

– Joyeux Noël ! entend-elle.

L'éblouissement passé, Maëlle découvre une petite fille de son âge, juste devant elle.

– Euh... Joyeux Noël, répond-elle, hésitante. Qui es-tu ?

– Je m'appelle Mireille.

– Mireille ? Comme Maman !

Maëlle s'étonne. Cette drôle de petite fille est sortie de nulle part. C'est incroyable ! En plus, elle lui ressemble, malgré ses vêtements rétro. Mêmes yeux couleur de noisettes, mêmes cheveux couleur de marrons. Et voilà qu'elle porte le même prénom que sa mère...

Comme c'est étrange !

Mireille, elle, ne semble pas surprise. Elle dit simplement :

– Mes frères ont demandé un cadeau fantastique cette année : un téléviseur couleur ! Tu imagines ?

Maëlle ne voit pas ce qu'un téléviseur a de si extraordinaire...

– Et le Père Noël a une surprise spéciale pour moi, poursuit Mireille. Maman me l'a dit...

Mireille tend la main vers une boîte rouge et or qui l'attire comme un aimant.

Elle effleure à peine l'emballage quand, soudain...

Tout devient rouge !

Comme si le papier explosait en milliers de confettis rouges...

– Joyeux Noël ! entend à nouveau Maëlle.

Cette fois, elle répond en riant :

– Joyeux Noël, Mireille !

Mais, surprise ! Mireille a disparu.
Une autre petite fille est apparue à sa place.
Maëlle est un peu déçue. A-t-elle rêvé ?
Et qui est cette nouvelle petite fille ?
Encore une fois, elle lui ressemble,
malgré ses vêtements démodés. Mêmes
yeux couleur de noisettes, mêmes cheveux
couleur de marrons...

– Je surveille mon petit frère pendant
que les autres sont à l'église, explique
la fillette. Je m'appelle Marguerite.

« Marguerite ? C'est le nom de Grand-maman... »,
songe Maëlle.

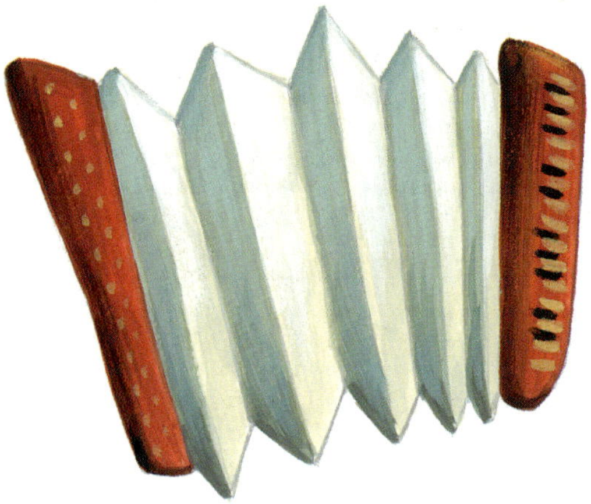

Marguerite montre les chaussettes de laine accrochées à la cheminée.

– Nos étrennes sont cachées au fond, sous la paille, explique-t-elle. Quand toute la famille sera revenue, nous aurons chacun une belle grosse orange. En as-tu déjà mangé ?

– C'est si bon, les oranges !

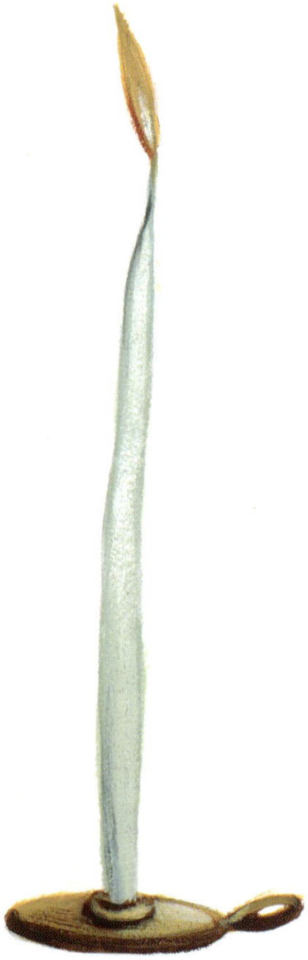

Maëlle voudrait expliquer que sa mère lui donne une orange chaque matin. Mais Marguerite continue, des étincelles dans les yeux :

– Cette année, le Petit Jésus m'envoie aussi autre chose, pour me récompenser d'être une grande sœur patiente. Mère me l'a promis...

Le cœur battant, Marguerite s'approche de la cheminée.

Elle touche à peine la grande chaussette
de laine rouge quand, soudain...

Encore une fois,

tout devient rouge !

Comme si la chaussette explosait en milliers de brins de laine rouge...

Cette fois, pourtant, il n'y a ni petite fille, ni Noël d'autrefois. La magie est finie.

Tout à coup, Maëlle entend des pas...

« C'est Maman qui vient ! Vite ! »

La boîte sur l'étagère, les vêtements par-dessus, la porte bien refermée, Maëlle est déjà dans le couloir. Ouf ! Juste à temps, nez à nez avec Maman.

– Qu'est-ce que tu fais debout, toi ? J'espère que tu n'as pas fouillé dans ma chambre...

– Allez, au lit !

Dong ! Dong ! Dong ! Enfin minuit !
Maëlle court au salon. Maman est là,
et aussi Grand-maman et Grand-papa.
Sous le sapin, Maëlle reconnaît « sa » boîte.
Ses yeux brillent de curiosité, mais ses mains
hésitent. Comment pourrait-elle expliquer
ce qu'elle a vu ? Personne ne la croirait.
Mieux vaut ouvrir le paquet. Si les petites
filles apparaissent à nouveau, tout le monde
les verra ! Sinon, c'est qu'elle aura rêvé...

Maëlle déballe la boîte au papier de soie rouge...

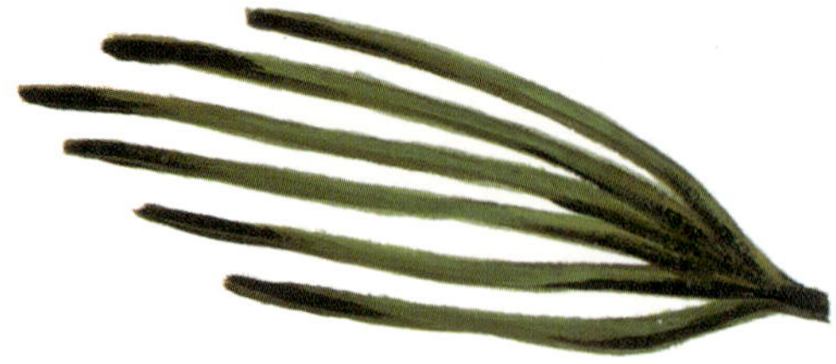

– Oh ! Une poupée comme moi, une poupée Maëlle ! Elle est belle !

Mêmes yeux couleur de noisettes, mêmes cheveux couleur de marrons, même ensemble de velours. C'est une grosse poupée de bois, peinte à l'image exacte de Maëlle !

– Eh ! Elle a ma coiffure ! Et des chaussettes à rayures, comme les miennes ! On dirait ma sœur jumelle !

Maman dit :

– C'est Germain qui l'a fabriquée pour toi. Tu sais, mon nouvel ami qui construit des cabanes d'oiseau ?

– Oh ! Maman, regarde ! La poupée s'ouvre...

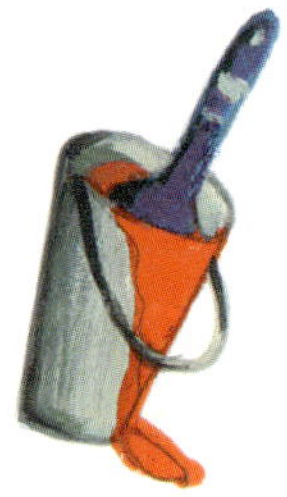

Pendant que les doigts de Maëlle glissent sur le bois vernis, Maman commence une histoire :

– Il y a bien des années, un papa a fabriqué pour sa fille une poupée de bois qui lui ressemblait. Ce papa, c'était ton grand-père Joseph.

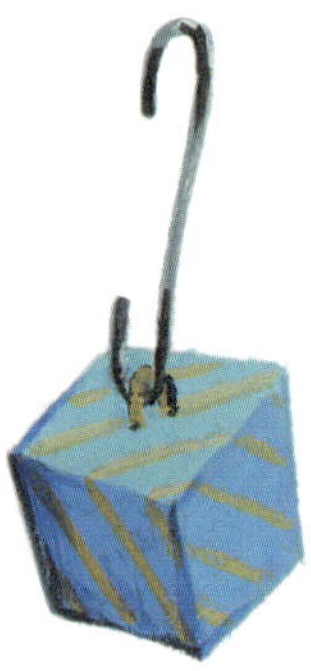

Grand-papa fait un clin d'œil à Maëlle.

La tête de la poupée tourne, le corps s'ouvre. À l'intérieur, Maëlle découvre une deuxième poupée de bois, aux yeux couleur de noisettes, aux cheveux couleur de marrons et aux vêtements rétro...

– Une poupée Mireille !

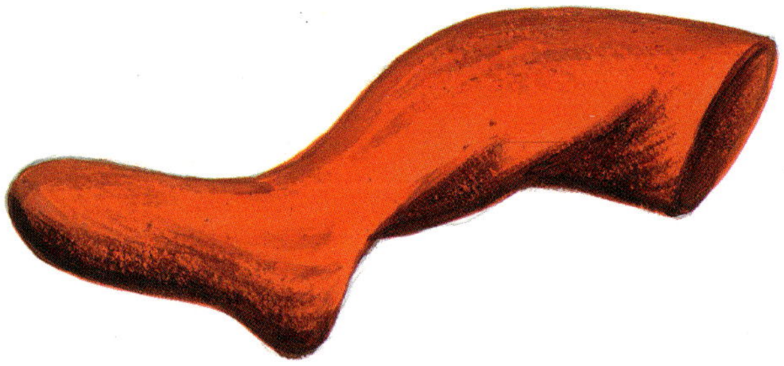

Grand-maman continue l'histoire :

– Il y a plus longtemps encore, un autre papa avait fabriqué une belle poupée, plus petite, qui ressemblait à sa fille à lui. Ce papa, c'était ton arrière-grand-père Aldéric.

Maëlle tourne la tête de la poupée Mireille et elle sort une dernière poupée, aux yeux couleur de noisettes, aux cheveux couleur de marrons et aux vêtements anciens...

– Une poupée Marguerite !

Alors Maëlle rêve au jour où elle aura, elle aussi, une petite fille à qui elle offrira une belle poupée.

Peut-être une poupée magique, qui sait ?